C’est quoi être un grand ?

C'est quoi être un grand ?

Gilles Rapaport • Laurence Salaün

SEUIL JEUNESSE

Être un grand, c'est se réveiller chaque matin avec quelques millimètres de plus. C'est scientifique. Si on considère qu'on grandit jusqu'à 20 ans et que la taille moyenne est de 1,70 mètres, je pose 3, je retiens 2 : tu grandis de 0,23 mm chaque jour. 0,23 mm !!!!! Soit 0,009 mm par heure et 0,000002 mm par seconde. C'est dingue.

Être un grand, c'est

connaître ses tables de conversion.

0,000002 MM À LA SECONDE !?
JE VAIS DEVENIR UN GÉANT !

Grandir, c'est aussi connaître
la taille de tes vêtements.
Et là, ça se complique !
À 6 ans, tu portes du 8 ans.
À 8 ans, tu portes du 10 ans. À 14, du 16 ans !
Mais où cela s'arrêtera-t-il ??? À 16 ans justement.
Les tailles enfants s'arrêtent à 16 ans.
Quand tu prends la taille au-dessus, tu es enfin un grand.
Tu portes du S. *Small.* « Petit » en anglais.

Être un grand, c'est

porter du petit.

NON !
JE NE VEUX PAS DU 34 !
JE VEUX DU S !
J'SUIS UNE GRANDE !

Rassure-toi, tu ne porteras pas toujours du petit...

Être un grand, c'est

voir plus grand, plus loin, plus haut.

C'est savoir qu'après *Small*, il y a M ! L ! XL ! XXL !

C'EST DU XXL...
VOUS N'AURIEZ PAS LES MÊMES EN 34 ?
FAUDRAIT SAVOIR !

Quand tu es un petit, tu ne manges pas des frites au petit-déjeuner.
Quand tu es un grand non plus... Mais tu pourrais !
Parce qu'un grand *peut* choisir.
Il peut choisir de manger des frites trempées dans du chocolat chaud, une tartine de camembert dans du café au lait, de la banane avec du saucisson (à l'ail), tout ça en même temps...

Être un grand, c'est

faire ce qu'on veut.

Mais pas se rendre malade pour autant...

Un petit qui n'ose pas prendre de risques
n'arrivera jamais au bas du toboggan.
Il redescendra toujours par l'échelle.
Il n'ira jamais où il n'a pas pied.
Il ne fera jamais du vélo à deux roues.

Ceux qui ne font jamais rien ne se font jamais mal.
Pour grandir, il faut tomber, se relever, tomber encore,
se faire mal, recommencer, se faire encore mal, faire
une pause parce que ça commence à faire vraiment mal…
et recommencer.

Être un grand, c'est

savoir que le Mercurochrome ne pique pas.

IL GRANDIT BIEN !
DANS LE GENRE, C'EST UN GÉANT !

Qu'on soit grand ou petit, la foudre frappe toujours au hasard.
Tu n'y peux rien. C'est ce qu'on appelle la malchance.
Ou une écharde !
Et c'est là que le grand se distingue du petit.
Il ne se roule pas par terre en hurlant,
il n'appelle pas sa mère pour qu'elle recueille
ses dernières volontés, il ne dit pas :
« Laissez-moi mourir, c'est trop douloureux… »
Le grand ne s'évanouit pas en voyant
la pince à épiler. Il serre les dents.

Être un grand, c'est

avoir une bonne mâchoire !

QU'EST-CE QU'IL A PAPA ?! POURQUOI IL S'EST ÉVANOUI ?!
UNE ÉCHARDE...

Un grand n'a pas peur des dragons
dans *My Little Pony*.
Mais il adore avoir peur des zombies,
des vampires, des monstres gluants
et des vrais méchants (dans les films).
Quand il reste jusqu'à la fin du film,
il a dépassé sa peur ! Il est fier.

Être un grand, c'est

rester jusqu'à la fin…

de *La Momie aztèque contre le robot* !

MÊME PAS PEUR...

ON PEUT Y ALLER ?
OUI PAPA. C'EST BON !

Prendre des risques pour grandir
ne veut pas dire que le monde des grands
est dangereux.
Regarde quand même à gauche
et à droite quand tu traverses la rue…

Parce qu'être un grand, c'est

être un peu prudent quand même.

Être un grand, c'est connaître
(tu ne peux pas imaginer que c'est possible
et pourtant ça l'est !), c'est connaître
ses tables de multiplication, les accords
du participe passé et la capitale
de la Mongolie-Intérieure.
Non. Peut-être pas la capitale
de la Mongolie-Intérieure.

C'est lire des livres de plus de cinquante pages.
Sans dessin. Et pas de droite à gauche.

C'est lire des livres avec des mots écrits en petits caractères.

C'est aussi faire, hum, comment te dire… des efforts.

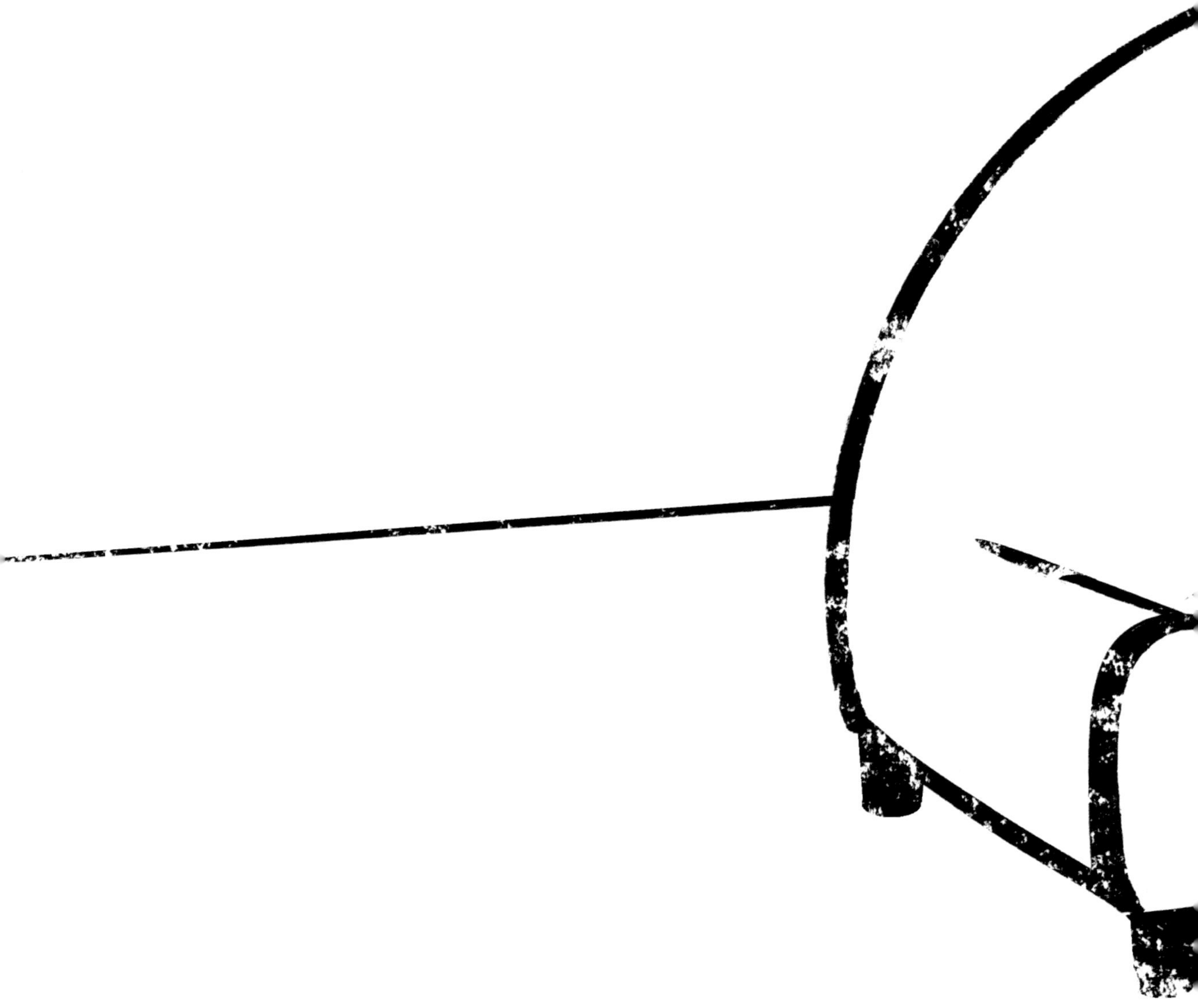

C'EST PAS CLAIR LES IMAGES DANS TON LIVRE...
CE SONT DES MOTS.
AH... JE ME DISAIS AUSSI...

LIBRAIR
C'EST QUAND LE PROCHAIN *NARUTO* ? ON N'EN PEUT PLUS D'ATTENDRE !
ALLEZ-VOUS-EN ! IL EST 2 HEURES !

Un grand sait être patient.
Il peut attendre le *Naruto*
deux mille vingt-douze sans demander
à ses parents tous les soirs :
« Mais quand est-ce qu'il sort ??? »

Être un grand, c'est

accepter qu'on ne peut pas tout avoir tout de suite !

Surtout qu'il n'y a que 72 tomes de *Naruto*...

GROS CÂLIN MAMAN !

Être un grand, c'est redevenir un petit de temps en temps.
C'est demander une histoire alors que tu sais déjà lire. Pour le plaisir !
C'est demander un énorme câlin avant de t'endormir. Et aussi au réveil, après le petit-déjeuner…
C'est demander un bain bien chaud, un massage du dos et un mot des parents pour ne pas aller à l'école.
Parce qu'aujourd'hui, il n'y a pas de frites.

Être un grand,

c'est aimer la vie, c'est sourire à la vie.

Sourire à la vie, c'est prendre tout
ce qui vient comme un cadeau.
La sonnerie du réveil à 7 heures du matin,
le poisson sauce blanche du vendredi midi,
jouer avec les feuilles que le vent emporte,
se rouler dans la neige, sauter dans les vagues
et dans les flaques d'eau…

Être un grand, c'est

profiter de chaque instant !

Avec des gants, un bonnet, une écharpe,
une doudoune et des après-skis.

Être un grand, c'est savoir qu'un jour
tu auras un Smartphone avec Internet ET Instagram.
Oui, ça va venir. Et ce jour-là, tu sauras aussi vivre
(je te jure que c'est possible au moins le temps qu'il se recharge),
tu sauras vivre sans Smartphone !

Être un grand, c'est

survivre sans wi-fi !

QUAND EST-CE QUE J'AURAI UN SMARTPHONE ?

Être un grand, c'est

regarder ce qu'on a

au lieu de pleurer sur ce qu'on n'a pas.
Même s'il n'y a jamais assez de frites
pour tout le monde !
Et ça, c'est vraiment trop triste.

POURQUOI TU PLEURES MA CHÉRIE ?
J'AI PAAAAAS FAIM !!! ET J'ADOOOORE LES FRITES !

À la moitié du livre,
nous avons deux mots à te dire :

Poils !
Acné !

OK. Ça fait bien deux mots…

QU'EST-CE QUE T'AS
SŒURETTE ?

Peu importe qu'on soit noir, blanc,
petit, grand, garçon, fille,
avec des poils sous les bras,
de la moustache, des boutons,
citadin ou campagnard...

Tous les grands sont différents,
tous les grands sont uniques.

Être un grand, c'est

s'aimer tel qu'on est.

Même avec de la moustache et des boutons...

OH ! JE M'AIME !
JE M'AIME !
JE M'AIME !
JE M'AIME !
SMACK
SMACK

Être un grand, c'est

être capable de s'occuper de quelqu'un d'autre.

Faire attention aux autres… Petits ou grands. Doudou, chien, chat, souris, hamster, tarentule, boa, alligator, petit frère ou petite sœur.

Du plus sympa au plus pire (même si on sait que c'est pas du français).

SURTOUT PAS !!!

IL A PRIS SA DOUCHE ?
TU ES SÛR ?!

Les petits sont persuadés que les grands ne les comprennent pas !
Enfin, surtout les parents.
Mais attention. Nous avons une révélation à te faire : les grands ont tous – roulements de tambours… – les grands ont tous été petits !
Eh oui.

Eux aussi ont déjà essayé de faire croire à leurs parents qu'on pouvait prendre une douche sans mettre de l'eau par terre ni même dans le bac à douche.

Être un grand, c'est

ne pas prendre ses parents pour des imbéciles !

(Au moins maman).

On pourrait penser qu'être un grand, ça n'est pas drôle.
Que c'est juste aller au bureau,
avoir des responsabilités,
ne jamais avoir le temps,
faire du jogging !

Eh bien, pas du tout.

Être un grand, c'est

être ce que tu veux !

Exploratrice de nuages,
attrapeur de fantômes,
éleveur de chats-licornes.
Président du Monde et de Tout l'Univers !

JE SUIS TON PÈRE !

Tu peux aussi devenir maître Jedi.
Choisir le côté pas obscur de la force.
Devenir l'être le plus sage de la galaxie.
Même si tu n'arrives pas à faire bouger
les objets par la puissance de ta pensée,
tu peux esquiver les attaques.

Les insultes glissent sur toi comme
la pluie sur les plumes du canard.
Si c'est pas être un grand, ça !

Grand tu seras, quand susceptibilité maîtriseras.

JE PEUX JOUER MOI AUSSI ?

Si tu es quand même un petit peu susceptible, au lieu de devenir hystérique quand ton frère te traite de chihuahua, mets-toi à quatre pattes, grogne en bavant et gratte-toi l'oreille avec la patte arrière.
Ça vous fera bien rigoler tous les deux.

Être un grand, c'est

savoir faire le chihuahua.

Et cultiver l'autodérision.

Tu es vraiment trop fort, tu as réussi à faire rire ton frère.
Mais attention ! Le one man show à l'Olympia,
ça n'est pas pour tout de suite !

Le grand ne se la pète pas trop.

Il ne méprise pas ceux qui ne savent pas faire le chihuahua
ou ceux qui n'aiment pas les frites.
(C'est rare, je sais, mais ils existent.)

Être un grand, c'est, alors là, comment dire...
c'est tellement énorme, c'est de la science-fiction...
Inimaginable. Ça n'est pas possible et pourtant ça l'est.
Une fille peut le faire, mais un garçon... Un garçon ?
Vous n'y pensez pas !

Être un grand, c'est

reconnaître ses fautes,

ses erreurs, ses conneries !!! Voilà, c'est dit.

Vite, on change de page !

Tu as ouvert la porte de l'aquarium
et le poisson rouge de ta petite sœur
est tombé dans le chat. Aïe.

Être un grand, c'est savoir
que tu ne seras pas toujours à la hauteur,

c'est s'excuser soi-même.

Et le chat.
C'est arrêter de s'en vouloir.
C'est savoir passer à autre chose.

AH ! LA SOLIDARITÉ
MASCULINE !

Tes parents rêvent que tu deviennes gastro-entérologue, et toi tu ne veux pas élever des escargots toute ta vie.

Un grand peut dire non à ses parents, choisir son métier, sa vie, son avenir et la couleur de ses chaussettes.

Et ça, ce n'est pas être égoïste, c'est être intelligent.

Être un grand, c'est

savoir qu'un escargot est un gastéropode

et pas un gastro-entérologue.

En parlant d'intelligence…

Le grand sait rester zen

quand ses parents lui expliquent
ce qu'il fera plus tard alors qu'ils savent
à peine poster un like sur un compte Facebook.

JE LE COLLE OÙ MON TIMBRE POUR POSTER MON LIKE ?

Être un grand, c'est savoir que tes parents t'aimeront toujours, même s'ils ne te likent pas sur Facebook, Instagram, Snapchat, Twitter, Pinterest...

L'amour, le vrai, ne se mesure pas en nombre de vues, mais chaque jour, quand tes parents sont à table avec toi, sans téléphone.
Quand ils jouent aux cartes, aux petits chevaux avec toi.
Quand ils te grondent...

Être un grand, c'est

savoir que tes parents seront toujours là pour toi.

En vrai !

FAIS PAS ATTENTION...
C'EST MES PARENTS...
Y ME KIFFENT GRAVE.

Être un grand, ce n’est pas être un adulte.
C’est être philosophe.
Pas vieux. Juste philosophe.

C’est être un peu sage…

Mais pas trop.

LES CANARDS
QUI PARLENT NON PLUS !

Être un grand, c'est

ne jamais oublier ses rêves de petit.

C'est savoir que tout est toujours possible,
que rien n'est interdit.
Même les rêves les plus fous.
Surtout les rêves les plus fous.

Être un grand, c'est savoir que demain il fera jour.
Et même attendre ce jour avec impatience, pour le vivre.

Être un grand, c'est toutes ces petites choses
qu'on empile les unes sur les autres et qui font
une grande chose…

Toi.

25, bd Romain Rolland, 75014 Paris
ISBN : 979-10-235-1078-2
Dépôt légal : mai 2018
Loi 49-956 du 16 juillet 1949 sur les publications destinées à la jeunesse.

Photograveur : IGS
Achevé d'imprimer en mars 2018 au Portugal, sur les presses de Printer Portuguesa.
www.seuiljeunesse.com